LE

BOULEVARD,

OPERA-COMIQUE,

BALLET EN UN ACTE.

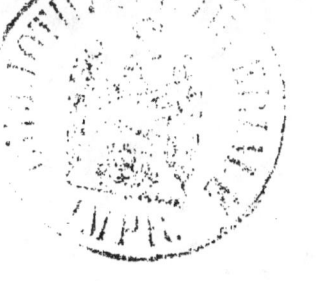

LE
BOULEVARD,

OPERA-COMIQUE,

BALLET EN UN ACTE.

Représenté pour la premiere fois sur le Théâtre de la Foire S. Laurent, le 24 Août 1753.

Le rix est de 24 f. avec la Musique.

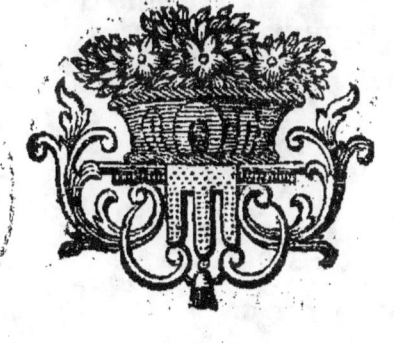

A PARIS,

Chez DUCHESNE, Libraire, rue Saint Jacques,
au-dessous de la Fontaine Saint Benoît,
au Temple du Goût.

M. DCC. LIII.
Avec Approbation & Privilége du Roi.

ACTEURS.

LIMONADIERS.

ACTEURS DE PARADE.

GRISETTES.

L'ARROSEUR des Boulevards, *M. le Moine.*

Me JAVOTTE, *Mlle Roland.*

FANCHON, fille de Me Javotte, *Mlle Delorme.*

LOISON, Pêcheur, *M. du Tilly.*

LORGNAC, Chambrelan, *M. le Moine.*

MARTIN, Broyeur de Drogues. Amans de Fanchon. *M. Morizot.*

COUSET, Garçon Tailleur. *M. la Ruette.*

Une Marchande de Plaisir, *Mlle la Noy.*

UNE SAVOYARDE, *Mlle Rosaline.*

UN SAVOYARD, *M. Paran.*

La Scene est sur le Boulevard.

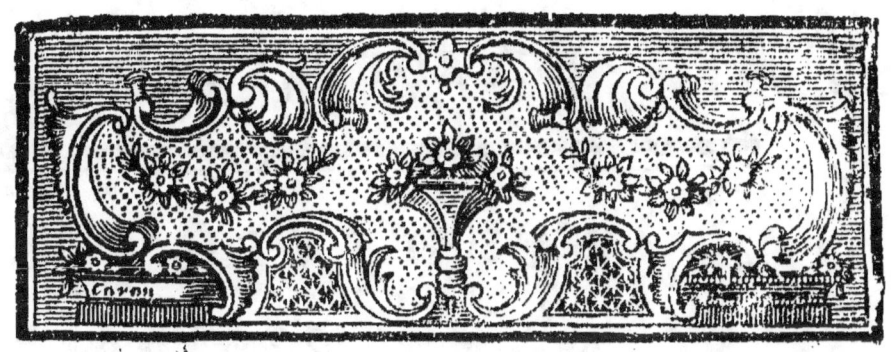

LE BOULEVARD,

OPERA-COMIQUE.

Le Théâtre représente le Boulevard. D'un côté sont les Boutiques d'un Limonadier & d'un Patissier, avec une Loge de Danseurs de Corde. De l'autre on voit un Jeu de Marionnettes, avec une Boutique de Limonadier, & l'Académie des Singes. Pendant l'ouverture les Sauteurs & les Marionnettes font leurs parades, ce qui arrête nombre de curieux. Les Limonadiers donnent cependant ordre à leurs garçons de servir exactement & promptement les personnes qui demanderont quelque chose, & ceux-ci en attendant pratique, s'amusent avec de petites Grisettes, & dansent avec elles. Leur danse est interrompuë par l'arrivée de l'Arroseur des Remparts, conduisant son arrosoir. La simphonie joue l'air suivant pour Ritournelle.

A iij

VAUDEVILLE.

AIR. *Ah le bel Oiseau Maman.*

IN'faut qu'un bon arrofoir,
Et fçavoir en faire ufage,
Pour fe faire un peu valoir.
I n'faut qu'un bon arrofoir
Le Rempart eft un jardin
Où j'fis toujours en ouvrage,
Arrofant foir & matin
Des bell' Dames le paffage :
I n'faut qu'un bon arrofoir,
Et fçavoir en faire ufage,
Pour fe faire un peu valoir,
I n'faut qu'un bon arrofoir.

On me recherche partout,
Tant je fis propre à l'ouvrage;
Plus d'un' veuve m'fait furtout
Arrofer fon jardinage :
I n'faut qu'un bon arrofoir,
Et fçavoir en faire ufage,
Pour fe faire un peu valoir,
I n'faut qu'un bon arrofoir.

Si trop d'ardeur par hazard
 Defféche votre héritage ,
Belles j'vous offre mon art,
Mettez-moi vite à l'ouvrage :
I n'faut qu'un bon arrofoir,
Et fçavoir en faire ufage ,
Pour fe faire un peu valoir ,
I n'faut qu'un bon arrofoir.

Je vois briller aujourd'hui
 Plus d'un galant équipage ,
Dont le Maître n'eut à lui
Comme moi qu'un beau corfage.
I n'faut qu'un bon arrofoir,
Et fçavoir en faire ufage ,
Pour fe faire un peu valoir ,
I n'faut qu'un bon arrofoir.

*Toute la danfe fe retire fur le même air,
 pour faire place à la Comédie. La fim-
 phonie joue l'air fuivant pour Ritournelle.*

SCENE PREMIERE.

LORGNAC, MARTIN.

LORGNAC.

A I R. *Fanfare de Bourgogne.*

QUE l'Empire de la mode
A ue pouvoir à Paris !
A fon goût tout s'accommode,
Les grands comme les petits :
Que l'Empire de la mode
A de pouvoir à Paris.

Auroit-on cru, Mr Martin, auroit-on cru il y
a quelques années, que le Boulevard devien-
droit la promenade préférée de cette grande
Ville.

A I R. *Je méprife les avantages.*

L'artifan quitte la Guinguette
Pour conduire ici fa grifette,
La Nobleffe s'y rend en char,
Et le gros Bourgeois qui l'imite,
En fiacre s'y roule à fa fuite :
La foire eft fur le Boulevard.

Plus de Cours, plus de Thuilleries, tout eft
défert.

MARTIN.

AIR. *Du Prévôt des Marchands.*

Il eſt vrai , le tiers & le quart
Ne parlent que du Boulevard ;
Cela m'a fait naître l'envie
De venir voir ce qu'il en eſt.

LORGNAC.

C'eſt ici , parlez , je vous prie ,
Eſt-il ſi beau qu'on vous diſoit ?

MARTIN.

Eh mais , c'eſt le Boulevard ordinaire.

LORGNAC.

Sans doute ; mais embelli par la fantaiſie &
par le caprice qui lui prêtent aujourd'hui des
beautés qu'il eut toujours , mais que la mode
n'avoit pas encore miſes en vogue.

MARTIN.

Dame ! je croyois moi que ce Boulevard dont
on parloit tant , étoit quelque belle ville de
guerre , bien éloignée , comme qui diroit St
Denis , Paſſi , Goneſſe , où j'ai été autrefois ,
quand j'étois jeune.

LORGNAC.

Cadédis vous avez fait là dé grandes routes,

MARTIN.

A I R. *La bonne avanture.*

J'ai bien été plus loin.

LORGNAC.

Où ?

Dites-moi compere.

MARTIN.

Oh bien loin !

LORGNAC.

Aux Indes ?

MARTIN.

Pou !

J'ai fait voyage à Saint Clou ,
Par mer & par terre,
O gué !
Par mer & par terre.

LORGNAC.

Vous avez raifon , fandis ! céla fait un voyage
confidérable.... Mais il mé femble que nos gens
tardent bien à venir.

MARTIN.

Pardi, Monsieur de Lorgnac, il faudroit pourtant faire décider Mademoiselle Fanchon, afin que je sachions à quoi nous en tenir.

LORGNAC.

Eh cadédis jé vous croyois révénu de cétte fantaisie.

A I R. *Robin ture lure.*

Vous me l'osez disputer.

MARTIN.

Je prétens plus, je vous jure.

LORGNAC.

Hé donc ?

MARTIN.

Je veux l'emporter.

LORGNAC.

Ture lure.

MARTIN.

Par l'esprit & la figure.

LORGNAC.

Robin ture lure lure.

Dieu mé damne, votre prétention mé divertit.... Mais voici nos gens.

SCENE II.

LORGNAC, MARTIN, Me JAVOTTE, FANCHON, LOISON.

LOISON.

AH! ah! vous vla, Messieurs! pardi j'en sis bien aise. Ah ça Mamselle Fanchon, gnia pus à reculer, & pisque j'nous rencontrons tous les trois par en devers vous, i faut se déterminer.

AIR. *Pendant mon séjour à l'armée.*

De promesses toujours frivoles
Vous nous barcés depis trouas mouas :
Vous nous baillez d'belles paroles,
Mais ça n'contente aucun des trouas.
L'amour nous trouble la carvelle,
Ainsi parlez Mademoiselle,
 Qui de nous
 Sera vot' époux ?
 Ça décidez vous,
 Décidez vous.

FANCHON *d'un air pincé.*

Croyez-vous qu'il soit bien facile de choisir entre trois Messieurs comme vous!

MARTIN.

Oh bien faut pourtant que j'en oyons le cœur
net, n'eft-il pas vrai, Madame Javotte?

Me JAVOTTE.

AIR. *Allons gai.*

Ils ont raifon, ma fille,
A quoi bon lanterner ?
De ma main prens ce drille,
Elle lui préfente Loifon.

Faut-il tant barguigner ?
Y allons guai, &c.

AIR. *C'eft un grivois fur la hanche.*

C'eft un grivois fur la hanche,
Qui rien ne te plaindra ;
A la guinguette, oui dea !
Il te menera
Chaque Dimanche.

LOISON.

Et les Fêtes itou, allez n'vous embarraffez
pas, Mamfelle Fanchon.

AIR. *L'honneur dans un jeune tendron.*

Je m'apelle Blaife Loifon,
Et je fis Marchand de poiffon,

Mettez bien ça dans vot' mémoire.

LORGNAC.

Moi d'un Barbier jé fuis garçon ,
Natif dé par dé-là la Loire....

LOISON.

C'eft comme qui diroit Gafcon.

LORGNAC.

AIR. *Le fameux Diogéne.*

Jé férai biéntôt maître ,
Et jé férai connoître
Qué Lorgnac vaut Loifon.
En dévénant ma femme ,
Vous férez prefque Dame ,
Songez-y ma Fanchon.

MARTIN.

AIR. *J'attens ici notre bonne fermiere.*

Pour moi je fuis garçon Apoticaire ,

Il fait figne de broyer des drogues.

Et j'ai chez mòi trente écus bien comptés ,
C'en eft affez, je penfe, pour vous plaire ,
Ils font à vous dès que vous m'acceptés.

FANCHON.

AIR. *De tous les Capucins du mondé.*
à Loifon.

Vous avez l'aveu de ma mere,

à Lorgnac.

Vous la parole de mon pere.

à Martin.

Vous de mon oncle êtes le choix :
Triple embarras dans cette affaire.

à part.

Comment les contenter tous trois ?
Un autre, hélas, à ſçu me plaire.

LORGNAC.

Comment cadédis, vous pouvez balancer.

FANCHON.

AIR. *Tout roule aujourd'hui dans le monde.*

Entre vous ſi mon cœur héſite,
Cela n'eſt pas fort étonnant ;
Vous avez tous tant de mérite,
Que le cas eſt embaraſſant.
Meſſieurs, c'eſt envain qu'on me preſſe
De nommer ici mon vainqueur,
Qui prouvera mieux ſa tendreſſe,
Pourra déterminer mon cœur.

LOISON.

Mordi c'eſt bian dit, j'en ſis d'accord.

Me JAVOTTE.

AIR. *Pour la Baronne.*

Fort bien, ma fille,

J'approuve cette épreuve là.

aux Amans.

Qu'elle a d'esprit ! qu'elle est gentille !

à Fanchon.

Par ma foi , t'as rencontré ça
Fort bien , ma fille.

LOISON.

Laissons ça , vla qu'est baclé ; j'avons assez parlé pour boire un coup.... Hola hé , garçon ! de la bierre ici , comme s'il en pleuvoit.... C'est moi qui régale ces Dames.

Ils se mettent à table sur un des côtés du Théâtre.   *On danse.*

SCENE III.

LORGNAC, MARTIN, Me JAVOTTE, FANCHON, LOISON, UNE MARCHANDE DE PLAISIR.

LA MARCHANDE.

Voilà l'plaisir des Dames , voilà l'plaisir, &c.

AIR.

AIR. *Voilà l'plaisir.* N°. 1.

Je cours le Boulevard exprès :
Vla l'plaisir des Dames !
Sans embarras, sans grands apprêts,
J'en donne à tous à peu de frais.
Faites-moi v'nir,
Et régalez vos femmes :
Vla l'plaisir,
Mesdames,
Vla l'plaisir.

LORGNAC.

AIR. *Du Confiteor.*

Cadédis quand jé fuis en train,
Rien né mé coute pour les Dames,
Aussi jé n'en fais lé fin,
Je fréquente assez peu les femmes ;
Mais aujourd'hui par là Sandis !
Jé prétens emporter le prix.

Allons, Marchande; du plaisir, du plaisir à ces Dames.... Sandis jé né mé fens pas dé joie d'avoir occasion de vous faire cé pétit cadeau, & dé vous prouver combien jé vous aime. Il m'en coutéra, mais lé prix que j'en attens mé dédommagera assez.

B

FANCHON.

AIR. *Que faites-vous Margueritte.*

C'est trop de galanterie !
Comment répondre à cela ?

LORGNAC.

Votré main , ma chére amie ,
Dé tout vous acquitera.

à la Marchande.

Ténés, Madame, puisés , puisés dans ma
bourse.... Combien vous faut-il ?

LA MARCHANDE.

Trois sols , Monsieur.

LORGNAC.

Trois sols ! ténez sandis ! lés voilà... Voyés
commé jé dépense généreusement.... Jé vous
l'ai dit , rien né mé coute pour lé sexe....
Allons , Mesdames, donnés , donnés sur lé
plaisir.

LA MARCHANDE *en s'en allant.*

Vla l'plaisir, Mesdames, vla l'plaisir.

LORGNAC.

AIR. *Voilà l'plaisir*, ci-deſſus.

Du même feu bruler tous deux,
   Vla l'plaiſir, Meſdames !
Et quand on eſt bien amoureux,
Sous les loix d'un hymen heureux,
    Se voir unir,
Et couronner ſes flammes.
    Vla l'plaiſir
    Meſdames,
    Vla l'plaiſir.

Ce Couplet a été mis en place du ſuivant, à cauſe de la nouveauté de l'air.

Nº. 2. *Air de M. la Ruette.*

Auprès d'une aimable fille
   Jouir d'un heureux loiſir,
Dans ſes yeux où l'amour brille,
Voir éclore le deſir,
    D'un ſoupir
   Exciter ſes flammes
   Voilà l'plaiſir
   Meſdames,
   Voilà l'plaiſir.

SCENE IV.

LORGNAC, MARTIN, Me JAVOTTE, FANCHON , LOISON , UN SAVOYARD , UNE SAVOYARDE.

LE SAVOYARD.

AH ! qui veut voir la lanterne magique , la piéce curieuse?

LA SAVOYARDE.

Ah ! la petite Marmotte en vie qui danse toute seule.

AIR. *C'est une merveille.*

J'allis faire voir l'autre jour
Ma Marmotte à toute la Cour ,
Ces Monsieus disoient tour à tour :
Ah ! c'est une merveille!
    Mon mignon ,
      A ce son.

Elle fait signe de compter de l'argent.
Mon cœur se réveille.

LE SAVOYARD.

Aux Dames moi de mon côté,
J'montris ma curiofité
Tout chacun en fut enchanté,
Car c'eft une merveille :
        Mon trognon,
        A ce fon,
Mon cœur fe réveille.

LA SAVOYARDE.

J'eus pour ma peine un beau louis,
Et deux baifers que l'on m'a pris :
Que ces gros Monfieus font polis,
Ah ! c'eft une merveille.
        Mon mignon,
        A ce fon,
Mon cœur fe réveille.

LE SAVOYARD.

Ah ! qui veut voir la piéce mirlifique !

MARTIN.

L'un vous régale en bierre, l'autre en plaifir,
chacun vous prouve fon amour à fa maniere ;
oh bien, moi, je vais vous faire voir la curiofité ;
c'eft cela qui eft galant … Hé, viens ici.

LE SAVOYARD.

Ah ! vous allez voir ce que vous allez voir.....

AIR. *La rareté, la curiofité.*

Approchez-vous d'ici, vous qui voulez connoître
La beauté ;
A vos yeux étonnés je vais faire paroître
La rareté.
Regardez à travers ma petite fenêtre
La curiofité.

Ah ! regardez bien ce premier changement,

Un jeune Abbé de Cour fans poudre & fans maitreffe,
La beauté ;
Une vieille qui voit fes rides fans trifteffe,
La rareté :
Une Actrice févere, exemte de foibleffe,
La curiofité !

LA SAVOYARDE.

Un galant du bon ton conftant à fa maitreffe,
La beauté :
Un amour Financier plein de délicateffe,
La rareté :
Un Auteur tout joyeux quand on fifle fa piéce
La curiofité.

LE SAVOYARD.

Ah! regardez bien.

AIR. *La piéce curieufe.*

Voyez autour de cette table
Une troupe de buveurs,

Voyez de quel air agréable
Cet homme en fait les honneurs :
C'eſt ... tâchez à le deviner...
Un Gaſcon qui donne à diner
Ah ! la rareté merveilleuſe ,
    La piéce curieuſe.

'Ah ! regardez bien !

LA SAVOYARDE,

C'eſt une femme à ſa toilette
Cherchant de nouveaux attraits ,
C'eſt dira-t-on quelque coquette
Qui dreſſe ſes trébuchets.
Non , c'eſt pour plaire à ſon mari
Que la Dame s'ajuſte ainſi.
Ah ! la rareté mervei'leuſe ,
    La piéce curieuſe.

LE SAVOYARD.

Regardez bien ſt'autre figure
Qui marche comme un Caton ,
Vous imaginez , je m'aſſure
Voir l'ombre du vieux Platon.
Point , c'eſt un jeune Magiſtrat
Plein des devoirs de ſon état :
Ah la rareté merveilleuſe ,
    La piéce curieuſe.

LA SAVOYARDE.

Voyez cet homme qui préfente
A fon Procureur d'l'argent ;
Vous allez croire qu'il le tente ,
Point , c'eft un brave Normand
Qui pour n'avoir point de procês ,
Veut payer principal & frais :
Ah ! la rareté merveilleufe ,
.   La piéce curieufe.

Ils font interrompus par l'arrivée de Coufet qui témoigne fa furprife à Fanchon de la trouver en fi grande compagnie. Pendant ce tems, Martin paye les Savoyards, qui s'en vont.

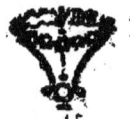

SCENE V. & *derniere.*

LORGNAC, MARTIN, Me JAVOTTE, FANCHON, LOISON, COUSET.

COUSET.

AIR. *Stila qu'à pincé Berg-op-zoom.*

AH ! ah ! Mademoiselle Fanchon !
Ah ! ah ! Mademoiselle Fanchon !
A quoi vous amusez-vous donc ?
A quoi vous amusez-vous donc ?
Plus d'un objet ici me blesse ,
Trahiriez-vous notre tendresse ?

LORGNAC.

Comment, cadédis, encore un Amant !

LOISON.

Pardienne, si alle continue comme ça, elle
aura bientôt la Ville & les Fauxbourgs.

FANCHON.

A I R. *Du Prévôt des Marchands.*

Vous m'accufez injuftement ,
Meffieurs , d'avoir plus d'un amant ,
Mon oncle , ma mere & mon pere
M'obligeoient à cacher mes feux ;
Mais vous m'excuferez , j'efpere :
Voilà l'objet de tous mes vœux.

MARTIN.

A I R. *Vous voulez me faire chanter.*

Qu'il faffe donc tout comme nous
Ses preuves de tendreffe ,
Autrement j'nous oppofons tous....

FANCHON.

Ne fuis-je pas maitreffe ,
Meffieurs , de choifir le vainqueur.

LORGNAC.

Oui , mais....

COUSET.

Souffre ma chere....

FANCHON.

Va , tes preuves font dans mon cœur,
Qu'as-tu befoin d'en faire ?

COUSET.

AIR. *Ton humeur est Catherine.*

Qu'un pareil aveu me flatte !
Fanchon, souffre en ce moment
Qu'à leurs yeux ma flamme éclatte,
Et prens ce foible présent.

Il lui présente un fichu qu'il lui met sur le cou.

Ton cœur, ma chere maitresse,
M'est un bien si précieux,
Que le mien dans sa tendresse
Est jaloux de tous les yeux.

Je crois que Madame Javotte ne désaprouvera pas ma liberté, quand elle sçaura que je m'appelle Couset, fils de M. Couset, Maître Tailleur aux Porcherons.

MADAME JAVOTTE.

Eh mais, vraiment, je suis quasiment en balance ; drès que mon frere & mon Mari n'ont point la préférence par en-dessus de moi, je veux tout ce que veut Fanchon, c'est pour elle une fois, c'est à elle à se contenter.

FANCHON.

Que je vous suis obligée, ma Mere.

Air. *Nous sommes précepteurs d'amour.*

Messieurs, vos feux & son ardeur
Sont d'une difference insigne ;
Qui se montre jaloux d'un cœur,
De le posseder seul est digne.

LOISON.

Air. *O pégué.* N°. 3.

L'aveu de la mere
M'avoit ben flatté.

LORGNAC.

Sur celui du pére
Jé mé ténois gai.

MARTIN.

Pour moi l'avanture
Sembloit presque sure.

COUSET.

Un quatriéme, ô pégué,
Vous coupe l'herbe sous le pied.

LORGNAC.

Allons, sandis, allons nous consoler ensemble. Il m'en a coûté, mais on né m'y ratrapé plus.

Madame JAVOTTE.

Et nous, profitons de la promenade, nous songerons ensuite à terminer vos affaires au plutôt.

COUSET.

Quoi, tu détournes la vue à ce difcours ! eft-
ce pour me cacher le plaifir de lire dans tes
regards la confirmation de mon bonheur. Ah du
moins ne me prive pas de leur lumiere.

AIR. *L'autre jour étant affis.*

Envain brille dans les Cieux
Le Dieu qu'annonce l'Aurore,
Si je ne vois tes beaux yeux,
Je crois qu'il eft nuit encore :
Mais lancent-ils leurs fœux,
Ces Aftres que j'adore,
L'ombre fuit en tous lieux,
Je vois le jour éclore.

FANCHON.

AIR. *Célébrons notre tendreffe.* N°. 4.

Cher objet de ma tendreffe,
Non, je ne puis t'exprimer
Combien je goûte à t'aimer
De douceurs & d'allegreffe :
Je ne puis que le fentir ;
C'eft une éternelle ivreffe.
Prefent tu fais mon plaifir,
Et ton abfence me laiffe
Le plus tendre fouvenir.

Madame JAVOTTE.

Qu'on est drôle ? Quand on est comme ça jeune & amoureux, on se dit je ne sçai combien de jolies choses ; ça n'a pas le sens commun, c'est du verbiage, mais ça ne fait de rien, ça amuse, ça plaît. A les entendre, il me semble que je suis encore dans mon jeune tems, où mon mari me chantoit toujours.

A i r. *Tes beaux yeux ma Nicole.*

Je vous aime, Claudine,
Quasiment tout à fait ;
Je sens en ma poitrine
Un cœur tout guilleret,
Plus tendre que brioche
Trempée dans du vin doux :
Encore un tour de broche,
Il sera tout à vous.

Ça me rend encore plus impatiente de finir votre mariage, ne perdons point de tems.

Ils sortent. *On danse.*

RONDE. N°. 5.

J Etois au logis seulette
Voyez-vous !
L'amant que mon cœur souhaite
Vint me faire les yeux doux,
Et j'en fus toute inquiette ;
Voyez-vous.

Et j'en fus toute inquiette ,
    Voyez-vous !
Car il prit ma main blanchette ,
Et se mit à mes genoux ,
En me parlant d'amourette ,
    Voyez vous.

En me parlant d'amourette
    Voyez-vous !
Il lorgna ma gorgerette ,
Et puis me dit d'un ton doux :
Que je la baise , Colette ,
    Voyez-vous.

Que je la baise , Colette ,
    Voyez-vous !
Je suis encor si jeunette ,
Que soit foiblesse ou courroux ,
Je tombai presque muette ,
    Voyez-vous.

Je tombai presque muette ,
    Voyez-vous !
Hélas , sans ma sœur cadette
Qui par bonheur vint à nous ,
C'étoit fait de moi , fillette ,
    Voyez-vous.

C'étoit fait de moi , fillette ,
    Voyez-vous !
Mais mon jeune amant projette

De bien fermer les verroux,
S'il me retrouve seulette,
Voyez-vous!

AU PUBLIC.

On n'a point cœur à l'ouvrage,
Voyez-vous ?
Quand on perd votre suffrage ;
Mais soyez contens de nous,
Ça nous donne du courage,
Voyez-vous.

Ballet général.

———————————

J'AI lû par ordre de Monseigneur le Chancelier, une Comédie qui a pour titre : *Le Boulevard, Opera-Comique* : Et je crois que l'on peut en permettre l'impression ce 7 Septembre 1753. CRE'BILLON.

Le Privilége & l'Enregiftrement fe trouvent à la fin du Nouveau Recueil des Piéces qui ont été jouées fur le Théâtre de l'Opéra-Comique.

———————————

De l'mprimerie de BALLARD, feul Imprimeur du Roi pour la Mufique, rue Saint Jean-de-Beauvais à Sainte Cécile 1753.

LE BOULEVARD, OPERA &c.

N° 1.

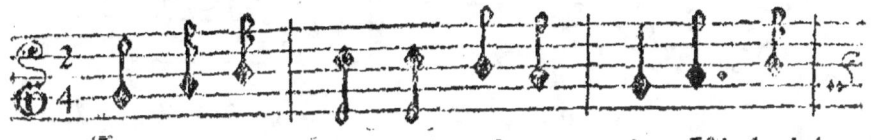

JE cours le Bou- le-vard ex- près, Vla l'plai-

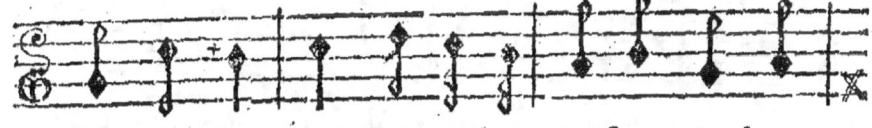

firs des Da- mes, Sans embar- ras fans grand ap-

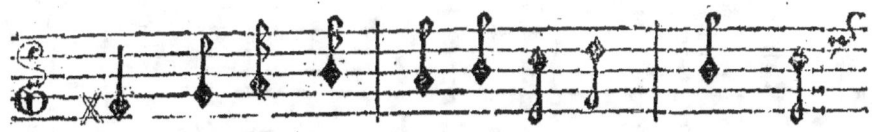

preft, J'en donne à tous à peu de frais ; Faites

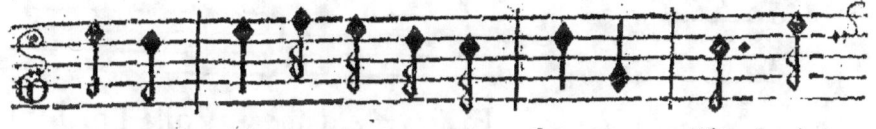

moi v'nir & ré- ga-lés vos femmes Vla l'plai-

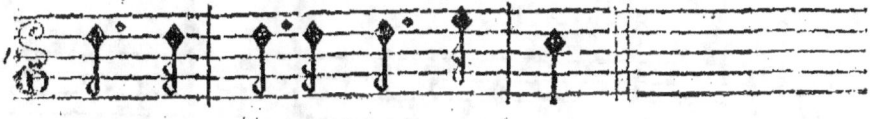

fir des Dames, Vla l'plai-fir.

No 2.
AIR DE Mr. LA RUÉTTE.

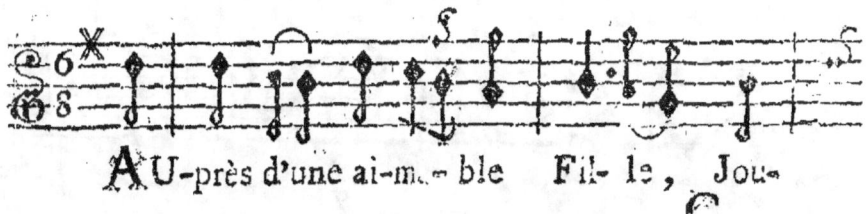

AU-près d'une ai-m..ble Fil- le, Jou-

C

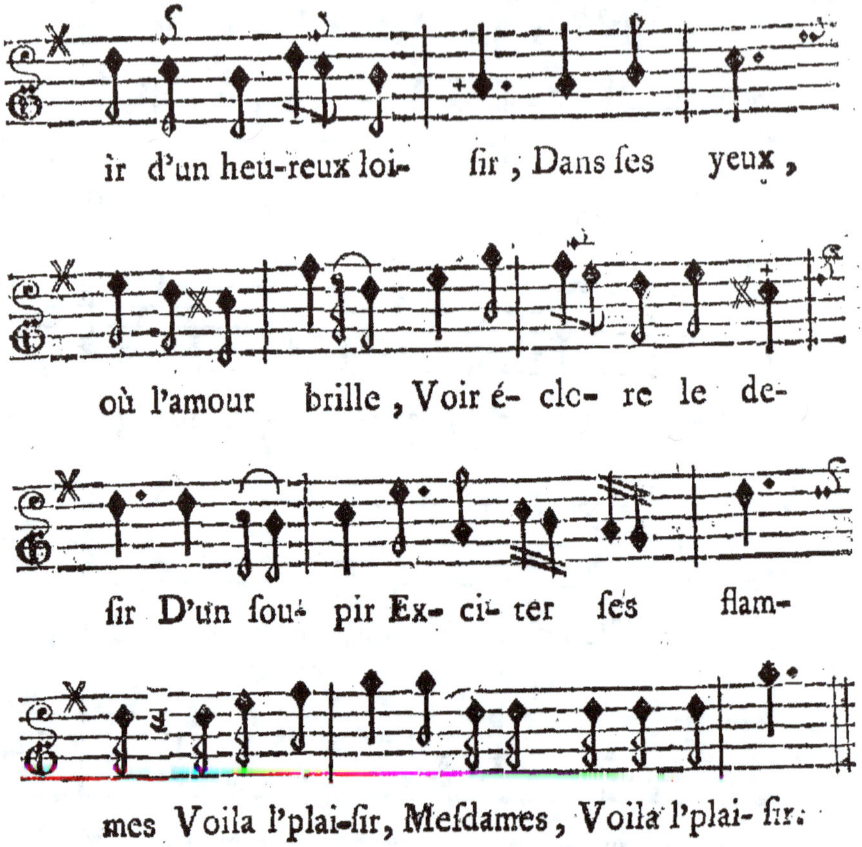

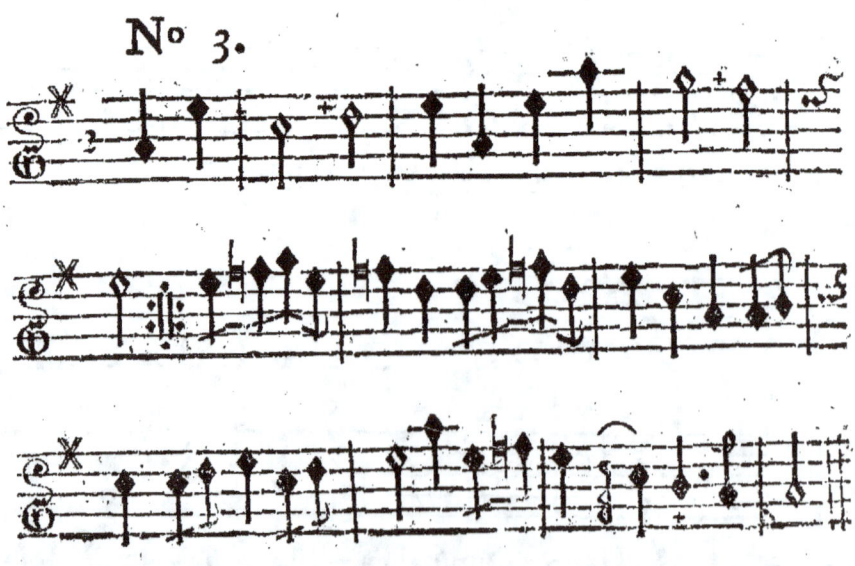

ir d'un heu-reux loi-   fir ; Dans fes   yeux,

où l'amour   brille , Voir é- clo- re le de-

fir D'un fou- pir Ex- ci- ter fes   flam-

mes Voila l'plai-fir, Mefdames , Voila l'plai- fir.

No 3.

N° 4.

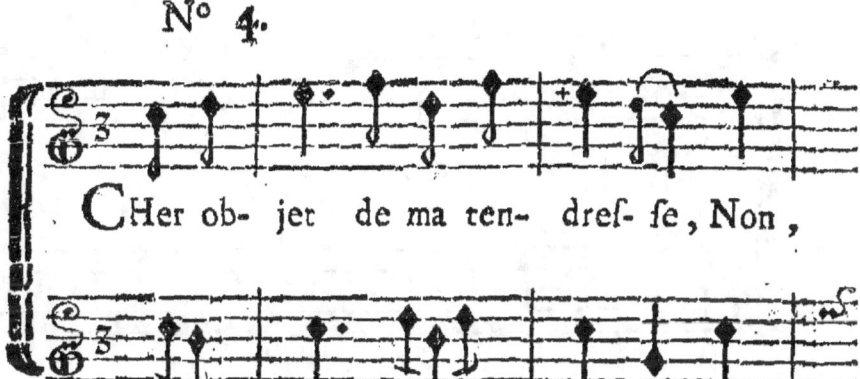

CHer ob- jet de ma ten- dref- fe, Non,

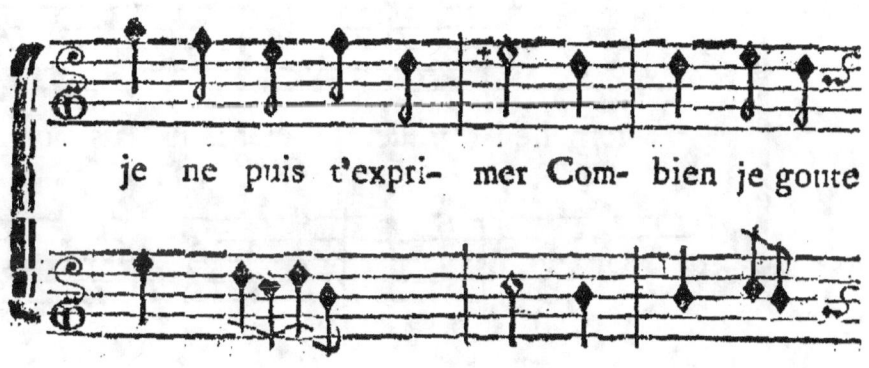

je ne puis t'expri- mer Com- bien je goûte

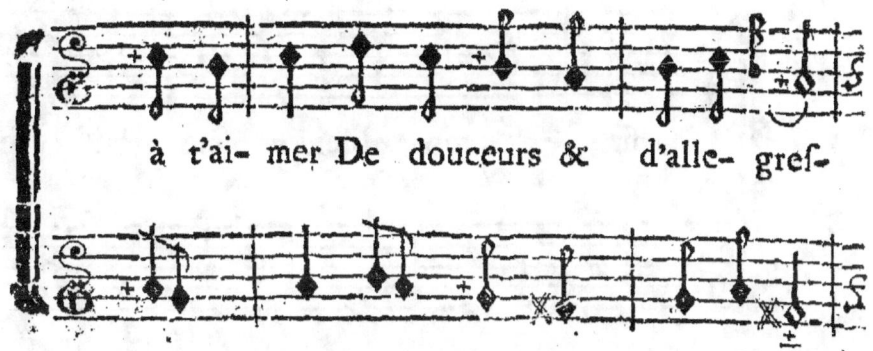

à t'ai- mer De douceurs & d'alle- gref-

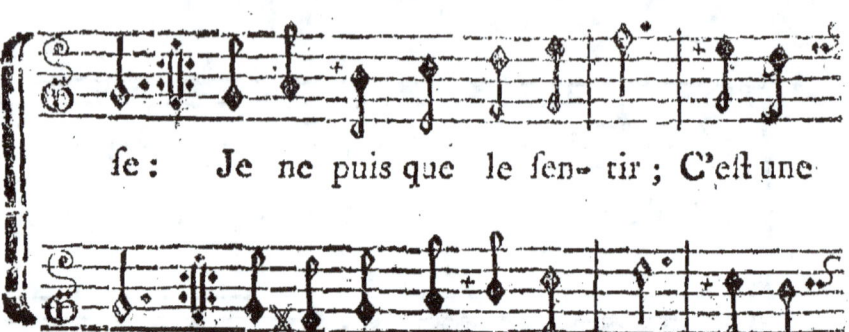

se: Je ne puis que le fen- tir ; C'eſt une

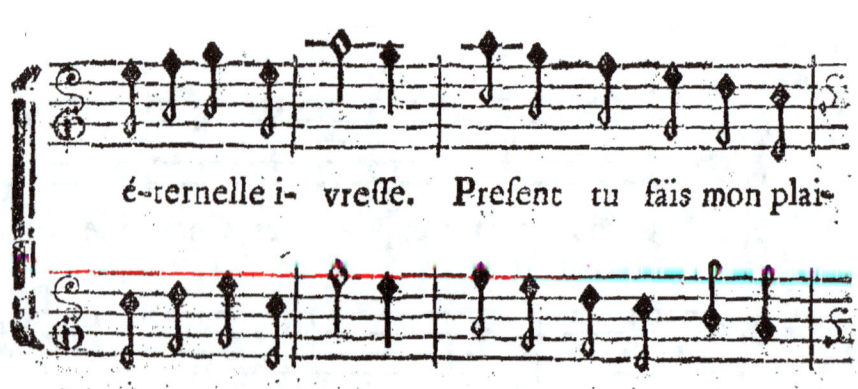

é-ternelle i- vreſſe. Preſent tu fàis mon plai-

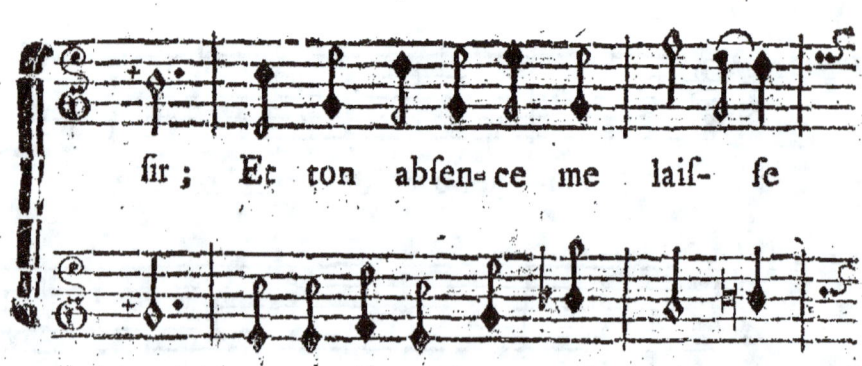

ſir ; Et ton abſen-ce me laiſ- ſe

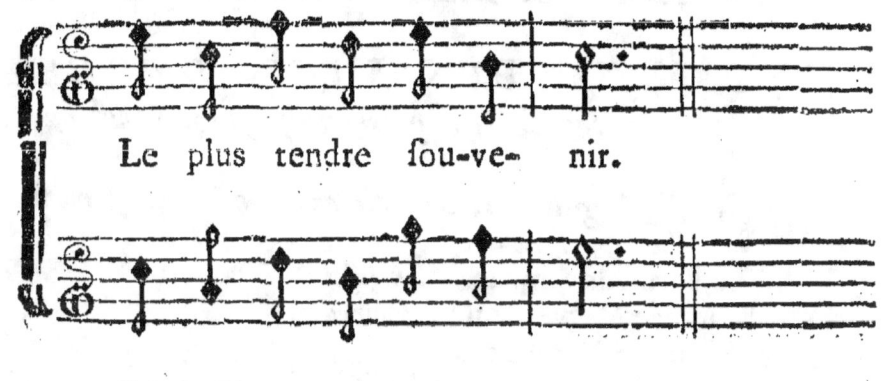

Le plus tendre sou-ve- nir.

N° 5.

R O N D E.

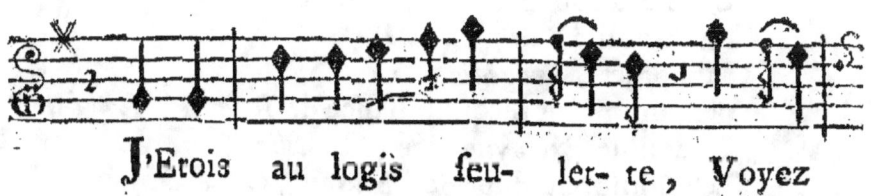

J'Etois au logis feu- let- te, Voyez

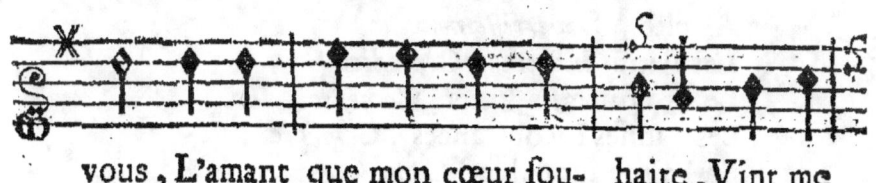

vous, L'amant que mon cœur fou- haite, Vint me

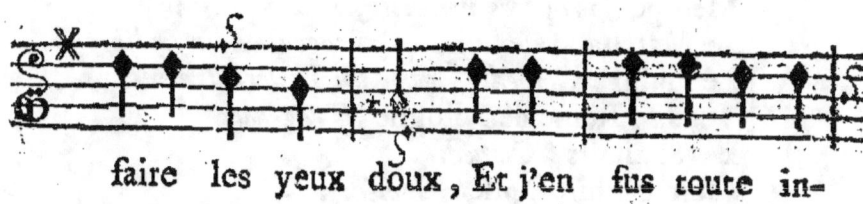

faire les yeux doux, Et j'en fus toute in-

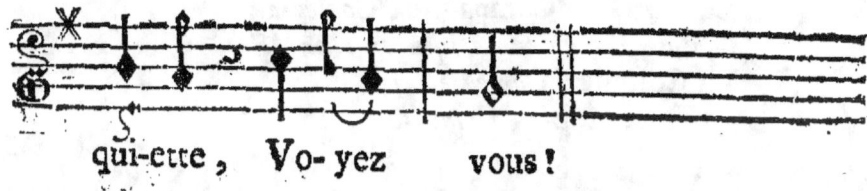

qui-ette, Vo- yez vous!

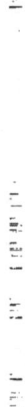

LE Magnifique, *Comédie avec un Divertissement.*
Le Miroir, *Comédie.*
Le Bacha de Smirne, *Comédie.*
L'Année Merveilleuse, *Comédie.*
La Mort de Bucephale.
Le Pot-de-chambre cassé, *Tragédie* pour rire, & *Comédie*
    pour pleurer.
Le Retour de la Paix. ⎫
Le Prix du Silence.   ⎬ *de M. de Boïssy.*
La Frivolité, 1753.   ⎭
Mahomet, *Tragédie.*
Benjamin, ou reconnoissance de Joseph, *Tragédie.*
La double Extravagance, *Comédie.*
Le Philosophe dupe de l'Amour, *Comédie.*
Les parfaits Amans, ou les Métamorphoses, *Comédie.*
Alceste, *Divertissement.*
Les Petits-Maîtres, *Comédie.*
Le Provincial à Paris, *Comédie.*
Les Fausses Inconstances, *Comédie.*
La Feinte supposée, *Comédie.*
Caliste, ou la Belle Pénitente, *Tragédie.*
Mérope, *Tragédie nouvelle de M. Clément.*
Le Marchand de Londres, *Tragédie Bourgeoise.*
Le Plaisir, *Comédie, avec un Divertissement.*
Vanda, Reine de Pologne, *Tragédie.*
Les Souhaits, *Comédie.*
Momus Philosophe, *Comédie.*
Electre d'Euripide, *Tragédie.*
La Partie de Campagne, *Comédie.*
Cénie, *Piéce dramatique en cinq Actes.*
La Colonie, *Comédie.*
Le Valet Maître, *Comédie.*

La Gageure, *Comédie en trois Actes & en Vers libres.*
Les Mariages affortis, *Comédie.*
La Coquette fixée, *Comédie.*
Le Réveil de Thalie, *Comédie.*
L'École du monde, *Comédie.*
Le Retour de l'Ombre de Moliére, *Comédie.*
Varon, *Tragédie.*
Abaillard & Héloïfe, *Piece dramatique.*
Les Engagemens indifcrets, *Comédie.*
La Métempficofe, *Comédie.*
L'École des Peres, *Comédie.*
Callifthène, *Tragédie.*
Guftave, *Tragédie.*
La Métromanie, *Comédie.*
Les Courfes de Tempé.
L'Héritier généreux, *Comédie.*
L'Amante ingénieufe, *Comédie.*
Les Veuves, *Comédie.*
La Fauffe Prévention, *Comédie.*
Les Hommes, *Comédie-Ballet.*
Les Femmes, *Comédie-Ballet.*

OPERA-COMIQUES.

Les quatre Marianne.
La Magie inutile.
Le Retour favorable, ou le Temple de Momus.
La Fileufe, *Parodie d'Omphale.*
Le Poirier.
Le Bouquet du ROI.
Le Suffifant.
Le Rien, *Parodie des Parodies* de Titon.
Le Miroir magique.
Le Roffignol.
Les Fêtes de l'Hymen, ou la Rofe.
Le Calendrier des Vieillards.
Le Monde Renverfé.
La Coupe Enchantée.
Les Filles.
Les Boulevard.

*Il se vend aussi chez le même Libraire plusieurs Divertissemens
de Pieces de Théâtre & autres Musiques,*

SÇAVOIR:

L'Amusement des Dames, ou Recueil des Menuets, Contre-
danses, Vaudevilles, Rondes de Table, Airs à boire,
Duo avec accompagnement, 10 parties finies.

La Toilette de Vénus dressée par l'Amour, contenant des Menuets, Contredanses, Vaudevilles, Airs nouveaux &
choisis, 10 parties finies.

Le Passe-tems agréable & divertissant. Ce *Recueil est rempli
de* Vaudevilles, Rondes de Table, Duo, Brunettes & autres, 10 parties finies.

Les Desserts des petits soupers de Madame **. 5 parties.

Recueil des Menuets, Contre-danses & Vaudevilles chantées
aux Comédies Françoises & Italiennes, 12 parties.

Recueil d'Airs & Menuets, Contre-danses, Parodies chan-
tés sur les Théâtres de l'Académie Royale de Musique &
de l'Opera-Comique, 9 parties.

Amusemens champêtres, ou les Avantures de Cythere,
Chansons nouvelles à danser, 1 partie.

Menuets nouveaux en Concerto, Contredanse, 4 parties.

Choix de differens morceaux de Musique, 3 parties.

Les Loix de l'Amour, ou Recueil de differens Airs, 3 parties.

Comme le Public a baucoup approuvé ces Recueils, l'Editeur
a entrepris de les continuer & de mériter son approbation, par
son empressement a lui donner ce qu'il y a de meilleur & de plus
amusant. On voit d'ailleurs qu'ils sont d'une ressource infinie
pour les Etrangers & pour ceux qui jouent des Instrumens,
puisqu'ils renferment les airs les plus jolies & les plus propres à
former les jeunes gens & les perfectionner dans la Musique :
toutes ces Piéces se vendent en 6 volumes reliés ou séparément
& sont très-utiles a toutes les sociétés qui veulent jouer la Comédie. Le cahier se vend 1 liv. 4 sols, & le volume 12 liv.

www.ingramcontent.com/pod-product-compliance
Lightning Source LLC
Chambersburg PA
CBHW030117230526
45469CB00005B/1682